AF591874

PAGEANTS du Tricentenaire de Québec

BIBLIOTHÈQUE NATIONALE R. F. IMPRIMÉS

Mis en scène par M. Frank Lascelles

Dialogues et discours par M. Ernest Myrand
Secrétaire du Comité d'Histoire et d'Archéologie

Musique préparée par M. Joseph Vézina
Président du Comité de Musique

1608 1908

Pièce 8° Yf 664

Don 10337

TYP. LAFLAMME & PROULX QUEBEC

PREMIER PAGEANT

JACQUES CARTIER

1er TABLEAU : — La Bourgade d'Hochelaga. 19 octobre 1535.

On apporte à Jacques Cartier les infirmes pour qu'il les guérisse.

Jacques Cartier. — Éclairez-les, Seigneur, car ils me prennent pour un dieu !

(Priant) : A vos apôtres seuls et à vos saints il appartient d'exercer des miracles. Je ne suis pas digne, Seigneur, d'être l'instrument de votre puissance et le ministre de vos miséricordes.

Dieu éternel et tout puissant, Esprit Saint, auteur et dispensateur des Sept Dons, renouvelez en faveur de ces âmes et de ces corps malades le prodige du Cénacle. Et de même que vos apôtres parlaient des langues qu'ils n'avaient pas apprises, de même ces infidèles comprendront la langue inconnue que je parlerai en lisant l'Evangile leur apprenant, avec votre Nom, l'origine de la Lumière que vous avez créée et de la Vérité dont vous êtes le Verbe.

Lecture de l'Evangile, précédée d'une sonnerie de clairons.

Jacques Cartier. — Initium Sancti Evangelii secundum Joannem.

Les Français. — Gloria tibi, Domine.

Jacques Cartier. — In principio erat Verbum, et Verbum erat apud Deum, et Deus erat Verbum. Hoc erat in principio apud Deum. Omnia per ipsum facta sunt ; et sine ipso factum est nihil quod factum est. In ipso vita erat, et vita erat lux hominum, et lux in tenebris lucet, et tenebrae eam non comprehenderunt. Fuit homo missus a Deo cui nomen erat Joannes. Hic venit in testimonium ut testimonium perhiberet de lumine, ut omnes crederent per illum. Non erat ille lux, sed ut testimonium perhiberet de lumine. Erat lux vera quæ illuminat omnem hominem venientem in hunc mundum. In mundo erat, et mundus per ipsum factus est et mundus eum non cognovit. In propria venit et sui eum non receperunt. Quotquot autem receperunt eum, dedit eis potestatem filios Dei fieri, his qui credunt in nomine ejus; qui non ex sanguinibus neque ex voluntate carnis, neque ex voluntate viri, sed ex Deo nati sunt. ET VERBUM CARO FACTUM EST, (Tous les Français tombent à genoux) et habitavit in nobis, (et vidimus gloriam ejus, gloriam quasi Unigeniti a Patri), plenum gratiæ et veritatis.

Les Français. -- Deo gratias.

2ième TABLEAU : — La Bourgade de Stadaconé. 3 mai 1536.

Jacques Cartier plante une croix commémorative.—Prise de possession du Canada.

Pendant que l'on élève la croix, l'un des aumôniers de Jacques Cartier récite à haute voix, *recto tono*, et très lentement, la prière suivante :

Dom Guillaume Le Breton. — Protege, Domine, plebem tuam, per signum sanctæ Crucis, ab omnibus insidiis inimicorum omnium : ut tibi gratam exhibeamus servitutem, et acceptabile fiat sacrificium nostrum.

L'orchestre accompagne cette prière en exécutant un motif, *Au Chemin du Calvaire*, de l'oratorio de Gounod, *Rédemption*.

Quand la croix est érigée, l'autre aumônier de Cartier récite à haute voix, *recto tono*, et très lentement aussi, les paroles suivantes, que l'orchestre accompagne en répétant le même motif :

Dom Anthoine. — Lumen ad revelationem gentium et gloriam plebis tuæ Israel.

3ième TABLEAU : — Enlèvement du Chef Indien Donnacona.

Jacques Cartier, (Apostrophe à la croix). — Croix de Clovis, de Charlemagne et de saint Louis, garde jusqu'à mon retour cette peuplade et ce royaume.

Eclaire de tes rayons les ombres de la mort où Stadaconé est assise.

Fais sentinelle, au nom du Christianisme et de la France, sur cette frontière de la Barbarie jusqu'à l'arrivée des missionnaires de l'Eglise et de la Civilisation !

Comme un phare sur l'infini de la mer, brille sur l'immensité de cette terre enténébrée de paganisme, en attendant l'aurore, puis le grand jour de l'Evangile qui se lèvera demain sur le Canada tout entier.

(Il salue la croix) : *O crux, Ave !*

4ième TABLEAU : — 1536. Jacques Cartier, à la Cour de François Ier, rendant compte de sa découverte.

PERSONNAGES.

François Ier, roi de France.
La Reine.
Philippe de Chabot, grand amiral de France.
Jacques Cartier, capitaine-découvreur.
Donnacona, chef indien.
Taignoagny et Domagaya, interprètes.
Une jeune indienne.

Entrée de la Cour.
Danse des Faunes.
Un courtisan s'approche de Philippe de Chabot et lui parle à l'oreille.

Philippe de Chabot, (à François Ier). — J'aurais une faveur, Sire, à vous demander.

François Ier. — Au compagnon de mon enfance, je ne saurais rien refuser. Il s'agit ?...

Philippe de Chabot. — D'une audience à accorder au capitaine Jacques Cartier qui désire rendre compte de son voyage à Votre Majesté.

François Ier. — Qu'on l'introduise, à l'instant même.

Entre Jacques Cartier accompagné de Donnacona, des deux interprètes et de dix autres Sauvages canadiens. Mouvements de curiosité dans l'assistance.

Jacques Cartier. — Sire...

François Ier. — Loyal et fidèle serviteur, je suis heureux d'apprendre votre retour, et de vous remercier d'avoir bravé, une fois de plus, les dangers de l'Océan, pour la plus grande gloire et les meilleurs intérêts de Notre couronne. Que me rapportez-vous du Nouveau-Monde ?

Jacques Cartier. — Je vous ai découvert et conquis trois royaumes !

Toute l'assistance répète d'un seul cri : Trois royaumes !

Jacques Cartier. — Trois royaumes : celui de Saguenay, celui de Canada, dont voici le roi (montrant Donnacona) et celui d'Hochelaga. Leurs territoires réunis dépassent en superficie l'étendue de notre France. Je me suis même laissé dire que l'Europe y tiendrait !

François Ier. — Eh ! capitaine-découvreur, dites-moi, ne me faites-vous point la part trop large dans la succession d'Adam ? Vous saviez que j'enviais et jalousais mes frères, les rois d'Espagne et du Portugal ; serait-il vrai que je fusse mieux nanti qu'eux ?

Jacques Cartier. — Sur une montagne du royaume d'Hochelaga il m'a été donné de voir un spectacle si magnifique, qu'en présence de ce tableau enchanteur la pensée m'est venue d'appeler cette montagne Mont-Royal, car je souhaitai d'y voir placé votre trône. De là, vous auriez vu courir des chaînes de montagnes entre lesquelles s'étendait, à perte du regard, une plaine immense. Et au milieu de ces profondes solitudes comme à travers leurs épaisses forêts reposait, dans une majesté incomparable, un fleuve quatre fois large comme la Seine et qui se prolongeait, à l'ouest, vers des terres inconnues. Ces Sauvages, que voici, m'ont expliqué, par signes, que l'on pouvait naviguer sur ce fleuve merveilleux pendant plus de trois lunes, c'est-à-dire pendant plus de trois mois, sans rencontrer aucun obstacle.

François Ier— Mais alors, c'est le chemin de la Chine que vous avez découvert !

Jacques Cartier.— J'en ai pour vous l'espérance ! Voyez-vous d'ici s'ouvrir les portes de l'Occident ? la France tenir avant tout autre, le commerce de l'Inde, du Cathay, du Zipangu ? car je crois tenir un passage plus court et plus avantageux que celui trouvé par Magellan aux îles fortunées du poivre et des épices.

L'assistance éclate en applaudissements.

François Ier.— Et maintenant, capitaine-découvreur, présentez-moi le roi de Canada.

Jacques Cartier fait un signe à Donnacona qui s'avance avec majesté, regarde le roi, la reine, toute l'assistance, avec fierté.

Donnacona.— Quatgathoma !

François Ier.— Que dit-il ?

Jacques Cartier.— Il dit : « Regardez-moi. »

François Ier : — Il est superbe, ce Sauvage, il méritait d'être roi. (Après un temps, à Donnacona) : Quel est votre nom, mon ami ?

Donnacona. — Donnacona.

François Ier. — Et vous êtes ?

Donnacona. — Agouhanna !

François Ier. — Agouhanna ! (A Jacques Cartier) : Cela veut dire ?

Jacques Cartier.— Roi, chef, prince, commandant.

François Ier.— Tenez-vous en au premier mot, capitaine, c'est le meilleur. Il traduit admirablement bien la majesté de cet Indien ! J'ai lieu de croire que vous n'avez pas traité cet homme comme un prisonnier ? Il méritait d'être mon hôte. Il le sera. Et je veux qu'on lui rende, au retour dans sa bourgade, ses pouvoirs et son titre de roi.

Agouhanna ! Ce mot est joli à prononcer comme à entendre. On dirait de l'italien. (Saluant la reine) *Canada, Donnacona, Agouhanna* ! C'est délicieux ! J'ai découvert une nouvelle langue pour parler aux femmes. (Aux courtisans) Il est heureux que la trouvaille soit de notre côté, Messieurs. (A Jacques Cartier, lui désignant Donnacona) : Demandez-lui de m'adresser la parole.

Donnacona (avec dignité). — Aiguaz !

François Ier (à Jacques Cartier). — C'est-à-dire ?...

Jacques Cartier. — Je vous salue !

François Ier (à Donnacona). — Aiguaz !

Donnacona. — Segada, tigneny, asche, honnacon, ouiscon, indahir, ayaga, addegue, madellon, assem (puis il répète, en présentant la jeune fille) : assem, agnyaquesta (1).

François Ier (souriant). — Très bien, mon ami, parfaitement. Je ne comprends absolument rien. Vous avez la voix très belle et ce sera délice que de vous entendre parler français... l'an prochain.

La jeune Indienne (s'approchant du roi). — Votre Majesté...

François Ier (stupéfait). — Comment ! elle parle français ? où donc l'a-t-elle appris ?

La jeune Indienne. — A Stadaconé, dans ma bourgade, en soignant les malades du capitaine Cartier que le sel empoisonnait.

François Ier. — Que veux-tu pour ta récompense ?

La jeune Indienne (amèrement). — Ma récompense ! je l'ai déjà reçue des Visages Pâles. Je les avais arrachés à la mort et ils m'ont arrachée à mon pays !

François Ier. — Et tu voudrais y retourner ?

La jeune Indienne. — Pour le revoir seulement, je traverserais la mer à la nage !

François Ier. — Le capitaine Cartier te ramènera au Canada à son prochain voyage. Je t'en donne ma parole de roi !

---

(1) Traduction : *Un*, *deux*, *trois*, *quatre*, *cinq*, *six*, *sept*, *huit*, *neuf*, *dix*, Donnacona compte, en les présentant au roi, chacun des dix sauvages amenés avec lui en France, en commençant par lui-même : *segada*, un, c'est-à-dire : premier : je suis le premier. Au dixième il ajoute au mot *assem*, (dix) celui de *agnyaquesta* qui veut dire : jeune fille.

Cf. *Relation du second voyage de Cartier*, de D'Avezac, verso du feuillet 46 et recto du feuillet 47.

La reine (à la jeune Indienne). — Vous ne me parlez pas, mon enfant ?

La jeune Indienne. — Tu es si belle qu'en te regardant j'oublie les mots de ma propre langue !

La reine. — Ce compliment-là vaut un bijou. (Elle lui donne un collier de perles.) Dites-moi votre nom, mignonne.

La jeune Indienne.— Mon nom ? Stadacona !

La reine.— Et cela signifie ?

La jeune indienne.— Aile d'oiseau, c'est-à-dire : légère et libre comme un oiseau.

La reine.—Stadacona ! ce nom gazouille en effet, je crois chanter quand je le prononce : Stadacona ! Stadacona !

La jeune indienne.—Et moi je pleure quand je t'écoute.

La reine.— Pourquoi donc ?

La jeune indienne. — Stadacana ! Stadaconé ! c'est le nom de la bourgade qui m'a vu naître et que j'ai perdue pour toujours !

Elle s'éloigne de la reine, et rejoint les Sauvages.

Donnacona. — Quazahoa quea !

François Ier (à Cartier qui sourit). — Que dit-il ?

Jacques Cartier. — Il demande à boire !

François Ier (riant). — C'est plus long que dire : « J'ai soif. » Rafraîchissez ces braves gens.

On apporte à boire aux Sauvages.

Donnacona. — Quazahoa quascahoa !

François Ier (riant). — Ça veut-il dire « Encore » ?

Jacques Cartier. — Non, Sire, mais tout simplement : « J'ai faim. »

François Ier. — Très juste. Le moins que puisse faire un mauvais roi est de bien nourrir ses nouveaux sujets.

On apporte des fruits aux Sauvages.

Donnacona (montrant les épées des gentilshommes.)— Quazahoa agoheda !

François Ier. — Encore lui ! Peste ! l'appétit lui vient en mangeant.— Eh ! ventre Saint-Georges ! je crois qu'il demande un couteau !

Jacques Cartier. — Une épée, Sire, c'est différent.

François Ier (badinant) : — Comme longueur de lame, oui. Mes compliments capitaine-découvreur : votre protégé se civilise à vue d'œil. Je parierais qu'il vous a déjà proposé l'échange de son arc contre une arquebuse, et le troc de ses flèches pour des balles. C'est encore différent... comme longueur de portée ! Décidement ce Peau-Rouge vise au progrès... en nous prenant pour cible.

(Il fait distribuer des dagues aux Sauvages).

François Ier (à Cartier). — Je désire maintenant entendre les interprètes. Dites-leur de me raconter quelques merveilles de leur pays.

Jacques Cartier (aux interprètes). — Sa Majesté désire vous entendre, lequel de vous deux parlera ?

Taignoagny. — Domagaya a vécu plus longtemps que moi sur la terre ; qu'il parle.

Domagaya.—Le Grand Sagamo des Visages Pâles demande quelles merveilles et quelles richesses possèdent les trois royaumes de Saguenay, de Canada et d'Hochelaga. Il croirait que je me vante si je lui disais toute la vérité. Le capitaine Jacques Cartier, ton serviteur, te parlera des bois et des fourrures, des poissons et des rivières de notre pays et de ses territoires interminables. Je te raconterai, moi, les prodiges et les choses extraordinaires qui se passent au Saguenay, prodiges et choses que Donnacona, mon maître, a vu de ses yeux et dont il te rendra témoignage quand il pourra, comme moi, parler la langue des Visages Pâles. Ainsi tu verrais de l'or dans les sables des rivières, des rubis dans les rochers des montagnes, des hommes blancs comme des Français et vêtus comme eux de drap de laine. Plus loin, vers le nord, tu verrais des peuplades d'hommes et de femmes qui n'ont qu'une jambe ! Et plus loin encore, des gens qui vivent sans manger !

François Ier. — De mieux en mieux ! Bravo, interprète, ton récit m'intéresse vivement, mais il ne dépasse pas en merveilleux ce que notre fidèle et loyale sujet, Jean Alphonse le Saintongeois a vu en Angleterre. Pas n'est besoin d'aller aussi loin que Donnacona. Ecoutez bien ceci, vous, les interprètes :

Or ce que vit Jean Alphonse en Angleterre fut des arbres étranges, verdoyant, au printemps, comme les nôtres, mais qui, l'automne venu, opéraient miracles, car leurs feuilles se changeaient tout à coup en poissons et tout à coup en oiseaux, suivant qu'elles tombaient à la surface de l'eau, dans les rivières, ou bien à la surface du sol, dans les terres labourées, au gré du vent. (Eclatant de rire). Cela s'est passé tout près d'ici, vous dis-je, Messieurs les courtisans, en Angleterre ! foi de Saintongeois ! Il faudra maintenant retourner le proverbe, et dire : A beau mentir qui vient de près. (A Jacques Cartier). Mais vous, capitaine-découvreur, qui venez de loin, dites-nous la vérité, d'aussi près que possible.... pour un voyageur.

Jacques Cartier.—Votre Majesté s'amusera peut-être du cadeau que voici. (Il lui présente une pipe en pierre) et dont je vais, s'il se peut, lui en expliquer l'usage. Les Sauvages de Saguenay, de Canada, d'Hochelaga, cultivent un herbe merveilleuse, dont j'ignore le nom, et dont la feuille a la forme d'une oreille d'âne. Cette feuille qu'ils sèchent au soleil, ils en font poudre, à toute heure du jour et de la nuit, et la mettent à l'un des bouts d'un cornet, qui est de bois ou de pierre (comme celui-ci) puis, un charbon de feu dessus, ils soufflent par l'autre bout, tant et tant qu'ils s'emplissent le corps de fumée, si bien qu'elle leur sort par la bouche et les narines comme du tuyau d'une cheminée. Ils disent que cela les tient sains et chauds !

François Ier. —Je le crois, je vous crois et eux aussi. Je serais curieux, tout de même, de leur voir expérimenter cet usage.

(On fait fumer les Sauvages en présence de la Cour.)

Francois Ier (à l'évêque de Saint-Malo, François Bohier): — Monsieur de Saint-Malo, je désire vous honorer publiquement en vous adressant ici la parole.

L'an dernier, dans votre cathédrale, vous avez, par vos prières, attiré le regard de Dieu sur mon serviteur, le capitaine Jacques Cartier, et appelé sur ce dernier la bénédiction du Maître de la Mer et du Vent. Votre voix a été entendue, car jamais expédition, depuis Christophe Colomb, ne fut plus heureuse que celle-ci.

Nous sommes aujourd'hui confirmés dans la nouvelle qu'il existe et que nous possédons en Amérique Septentrionale trois royaumes dont les superficies réunies forment un territoire si vaste que le manteau bleu de l'Atlantique ne les couvrirait pas de sa largeur.

La générosité de la Providence à mon égard a dépassé ce que l'ambition du monarque le plus insatiable aurait pu rêver. Il faut en remercier Dieu, notre Maître à tous, et lui offrir les prémices de la terre même qu'il me donne en héritage, des prémices qui soient à la fois dignes et de sa magnificence infinie, et de notre reconnaissance éternelle. A Lui les âmes de ces Sauvages ici présents : qu'elles soient les pierres vivantes, les pierres d'assise du temple que nous élèverons à sa gloire. Je les confie, Monsieur de Saint-Malo, à votre sollicitude pastorale.

Que ces Canadiens soint enfants de Dieu avant d'être Français ! Que la lumière de la Vérité les éclaire au lieu de les aveugler. Apprenez-leur qu'il existe dans une autre vie et dans un autre monde, encore plus ancien et plus durable que celuici, un royaume plus beau que le mien ; qu'auprès de lui le faste de ma Cour et l'éclat de mon diadème ne sont que des pâleurs d'aube comparées au soleil. Qu'ils ne passent point des ténèbres du Paganisme à l'éblouissement du siècle, et que l'orgueil légitime de mon trône ne soit pas pour eux une cause de scandale ou de perdition. Qu'ils sachent enfin, par vous, que le Christ seul est roi, l'« agouhanna » véritable, et que les princes de la terre, même les plus magnifiques, n'en sont que les représentants indignes et les humbles vassaux.

C'est là, Monsieur de Saint-Malo, ce que je voulais vous dire et ce que vous ferez.

Les Sauvages se retirent accompagnés de Jacques Cartier et de l'évêque de Saint-Malo.

DEUXIEME PAGEANT

5ième TABLEAU. 1608 : — Champlain recevant ses instructions d'Henri IV

Lettres patentes expédiées en faveur de Monsieur De Monts.

Henry, par la grâce de Dieu, roi de France et de Navarre : à nos aimés et féaux conseillers les officiers de Notre Amirauté de Normandie, Bretagne, Picardie et Guyenne, et à chacun des dits endroits et en l'étendue de leur juridiction et destroits. Salut.

Nous avons pour beaucoup d'importantes occasions accordé, commis et établi le Sieur de Monts, gentilhomme ordinaire de Notre Chambre, notre lieutenant-général pour peupler et habiter les terres, côtes et pays d'Acadie et autres circonvoisins en l'étendue du quarantième degré jusqu'au quarante-sixième ; et là établir Notre Autorité et autrement s'y loger et assurer, en sorte que nos sujets y puissent désormais y être reçus, habiter, trafiquer avec les Sauvages habitant les dits lieux et y résider comme plus amplement Nous l'avons déclaré par Nos lettres patentes expédiées et déclarées pour cet effet au dit Sieur de Monts, le huit novembre dernier, et suivant les conditions et articles moyennant lesquels il s'est chargé de la conduite et expédition de cette entreprise ; pour faciliter laquelle, et ceux qui sont joints et associés avec lui et leur donner quelque moyen et commodité d'en supporter la dépense, Nous avons eu pour agréable de leur promettre et assurer qu'il ne serait permis à aucun autre de nos sujets qu'à ceux qui entreraient en association avec lui pour faire la dite dépense de trafiquer de pelleteries et autres marchandises durant dix années ès terres, pays, ports, rivières et avenues de l'étendue de sa charge et que voulons avoir lieu.

Nous, pour ces causes et autres considérations, à ce Mandons et Ordonnons que vous ayiez, chacun de vous, en l'étendue de vos pouvoirs, juridictions et destroits à faire de notre part comme de notre pleine puissance et autorité royale ; Nous faisons ces expresses inhibitions et défenses à tous marchands et capitaines de navires, matelots et autres nos sujets, de quelque état, qualité et condition qu'ils soient, sauf ceux qui sont entrés en association avec le dit Sieur de Monts pour la dite entreprise selon les articles et conventions d'icelles par Nous arrêtés ainsi que dit ici, d'équipper aucuns vaisseaux et en iceux aller ou envoyer faire trafiquer ou troc de pelleteries ni autres choses avec les Sauvages, fréquenter négocier et communiquer durant le temps de dix ans, depuis le Cap de Raze jusques au quarantième degré, comprenant toute la côte de l'Acadie, terres du Cap Breton, baie de Saint-Clair et des Chaleurs, îles Percé, Gaspé, Mettan, Tadoussac et la Rivière de Canada, tant d'un côté que d'autre, et toutes les baies et rivières qui sont le long de la côte, à peine de désobéissance, de confiscation entière de leurs vaisseaux, vivres, hardes et marchandises au profit du Sieur de Monts et de ses associés et de trois mille livres d'amende pour l'assurance et l'acquit de laquelle et de la punition de leur désobéissance vous permettiez comme Nous avons aussi permis et permettons au dit Sieur de Monts et ses associés de suivre et arrêter tous les contrevenants à notre présente défense et ordonnance, comme aussi leurs vaisseaux, marchandises, armes et victuailles pour les amener et mettre ès main de la justice et être procédé tant contre leurs personnes que biens, ainsi qu'il appartiendra ; Ce que Nous voulons, vous Mandons et Ordonnons faire incontinent publier de vos dits pouvoirs et juridictions où vous jugerez besoin être, afin qu'aucuns de nos dits sujets n'en puissent prétendre cause d'ignorance, ainsi que chacun obéisse et se conforme sur ce, à Notre volonté, de ce faire vous donnons pouvoir, commission et mandement spécial. Car tel est Notre plaisir.

Donné à Paris le 18ième jour de décembre l'an de grâce 1603, et de Notre Règne le 15ième (1).

Henri IV (à DeMonts) : — Maintenant que vous êtes mon lieutenant-général en la Nouvelle-France, que ferez-vous ? Avez-vous arrêté le plan de votre nouvelle expédition ?

DeMonts. — J'ai délibéré, Sire, de me fortifier dans un endroit de la rivière de Canada que les Sauvages nomment

(1) Cf : Collection de Manuscrits, etc. relatifs à la Nouvelle Frauce, vol. 1er, page 46 et 47.

Ces lettres patentes furent renouvelées en faveur de DeMonts en 1607 ; avec, toutefois, cette différence qu'elles ne lui accordaient que pour une année le privilège exclusif de la traite des pelleteries, à commencer du mois de janvier 1608.

Cf : Ferland, *Cours d'histoire du Canada*, tôme 1, p. 89.

Kébec, à quarante lieues au-dessus de Saguenay, pour le désir de pénétrer plus avant dans les terres occidentales, et dans l'espérance de parvenir un jour à la Chine.

Henri IV.—Fort bien, Monsieur.

De Monts. — J'aurais cependant une dernière grâce à solliciter ?

Henri IV. — Dites sans crainte, mon cher De Monts. Mes faveurs n'égalent pas encore les services que vous m'avez autrefois rendus pendant les troubles de la Ligue.

De Monts. —J'ai choisi pour mon lieutenant particulier dans la présente expédition Samuel de Champlain, capitaine ordinaire en la marine royale, et je désirerais faire confirmer ce choix, s'il agrée à Votre Majesté.

Henri IV. — Très volontiers ! (souriant à DeMonts) : Vous et moi savons bien choisir nos lieutenants !

(à Champlain) : Approchez, M. de Champlain. Votre personne et vos mérites nous sont connus. Déjà le Commandeur Aymar de Chastes m'avait fait cet éloge que M. de Monts répète aujourd'hui et que cinq années de nouveaux et inestimables services justifient davantage. La France vous doit sa bonne renommée en Amérique.

Votre constance à suivre une entreprise, votre fermeté dans les plus grands périls, votre sagacité toujours en éveil et toujours prompte à saisir un parti dans les affaires les plus épineuses, la droiture de vos vues, l'honneur et la probité de votre conduite, tout cela Monsieur, me confirme dans la résolution que j'ai présentement de vous faire reprendre et poursuivre l'héroïque expédition de Jacques Cartier ! Je vous crois digne de lui succéder, d'exercer comme lui un sacerdoce politique, de lire comme lui l'Evangile en guise de proclamations royales, et d'arborer les armes de France sur la croix du Christ, aussi loin que vous pourrez marcher à l'Ouest du Nouveau Monde. Dites-moi, M. de Champlain, acceptez-vous ?

Champlain. — Vous ne songez, Sire, à étendre votre domination dans les pays infidèles que pour y faire régner Jésus-Christ, et vous estimez, comme nos rois, vos prédécesseurs, que le salut d'une âme vaut mieux, lui seul, que la conquête d'un grand empire ! (1)

---

(1) Cette pensée, que je fais prêter par Champlain à Henri IV, appartient à Champlain. La phrase est textuellement reproduite de ses *Œuvres*. Elle seule aussi, suffirait à immortaliser le grand homme qui l'a écrite.

Que Dieu vous entende, Sire, et qu'il fasse prospérer cette entreprise à son honneur et à sa gloire. (2)

Sire, j'accepte !

Danse de la *Pavane*, d'Arbeau.
« *Vive Henri IV* », chanté par la Cour.

6ième TABLEAU : 1620, Champlain à Québec.

Commission de commandant en la Nouvelle-France par Henri II, duc de Montmorency vice-roi, au dit pays, de Sa Majesté Très Chrétienne, on faveur du Sieur de Champlain, en date d'avril 1620.

Henri II, duc de Montmorency, amiral de France, et vice roi en la Nouvelle-France à tous ceux qui ces présentes verront

SALUT.

Savoir faisons à tous qu'il appartiendra que pour la bonne et entière confiance que nous avons de la personne du Sieur Samuel de Champlain, capitaine ordinaire pour le Roi en la marine, et de ses sens, suffisance, pratique et expérience en fait de la marine, et bonne diligence et connaissance qu'il a au dit pays pour les diverses navigations, voyages et fréquentations qu'il y a faits et en autres lieux circonvoisins d'icelui, icelui Sieur de Champlain, pour ces causes et en vertu du pouvoir à nous donné par Sa Majesté, avons commis, ordonné et député commettons, ordonnons et députons par ces présentes notre lieutenant pour représenter notre personne au dit pays de la Nouvelle-France : et, pour cet effet, lui avons ordonné d'aller se loger, avec tous ses gens, au lieu appelé Québec étant dedans le fleuve Saint-Laurent autrement appelé la Grande Rivière du Canada, au dit pays de la Nouvelle-France et au dit lieu et autres endroits que le dit Sieur de Champlain avisera bon être, y faire construire et bâtir tels autres forts et forteresses qu'il lui sera besoin et nécessaires pour sa conservation et celle de ses dits gens, lesquels fort ou forts nous gardera à son pouvoir, pour au dit lieu de Québec et autres endroits en l'étendue de notre pouvoir, et, tant et si ayant que faire se pourra, établir, étendre, et faire connaître le nom, puissance et autorité de Sa Majesté, et à

---

(2) Autre phrase, textuellement reproduite des *Œuvres* de Champlain. Elle est gravée sur le bronze de son monument à Québec.

icelle assujettir, soumettre et faire obéir tous les peuples de la dite terre et les circonvoisins d'icelle et par le moyen de ce et de toutes autres voies licites les appeler, faire instruire, provoquer et émouvoir à la connaissance et service de Dieu et à la lumière de la foi et religion catholique, apostolique et romaine, là y établir, et en l'exercice et profession d'icelle maintenir, garder et conserver les dits lieux sous l'obéissance et autorité de Sa dite Majesté.

A Paris, ce 30 avril 1620.

(SIGNÉ) HENRI II, duc de MONTMORENCY (1).

ALLOCUTION DE CHAMPLAIN À LA FOULE

Mes amis, vous me reconnaissez encore après une aussi longue absence (acclamations.) Je sais bien qu'elle n'a pas été longue, deux ans à peine, mais elle me semblait à moi, une éternité (accl.) Enfin je suis, à vous, chez vous, chez moi, et pour toujours. (Accl.)

Je vous ai fait lire me commission de lieutenant-général. Le haut et puissant seigneur, Henri II, duc de Montmorency, notre vice-roi, m'a renouvelé par ce témoignage éclatant la confiance qu'avaient placée en moi ses prédécesseurs, le Commandeur de Chastes, mon bienfaiteur, M. DeMonts, comme aussi M. le Comte de Soissons. L'honneur en est très grand, mais je vous avouerai qu'il existe pour moi une satisfaction supérieure à ce brevet d'estime, l'intime conviction de posséder également la vôtre. (Acclamations)

Cette commission du vice-roi me signifie l'ordre formel de retourner à Québec . . M'y voici . . (Accl.) de m'y établir définitivement, de m'y fortifier le mieux possible afin de mettre le pays à l'abri des invasions et des coups de main imprévus.

Je suis à ce point assuré du succès que j'ai dit pour toujours adieu à Brouage, au Saintonge, à la France ancienne. Je ne viens pas seulement commander ici pour un temps, mais pour y vivre comme vous et avec vous y mourir.

Me voici, à Québec, non seulement pour y continuer la

(1) Cette commission est calquée sur partie de l'original de la Commission de Commandant en la Nouvelle France, par M. le Comte de Soissons, Lieutenant-Général du Roi en la Nouvelle France, en faveur du Sieur de Champlain, du 15 octobre 1612.

Cf. Dionne, *Samuel Champlain*, tome 1, pages 404 et 405.

BIBLIOTHÈQUE NATIONALE R.F. IMPRIMÉS

fondation d'une ville, l'établissement définitif et permanent d'une colonie, mais pour y asseoir aussi, à demeure, mon foyer domestique. En garantie de ma parole — dont personne, Dieu merci, ne douta jamais et dont personne encore ne me demanda gages — en garantie de ma parole, j'amène avec moi la personne qui m'est la plus chère en ce monde, Madame de Champlain, (Acclamations) qui consent à partager, que dis-je ? qui me demande à venir partager vos labeurs (accl.) à vivre dans la solitudes les plus belles années de sa jeunesse. Quel réconfort elle apporte à mon courage, à mes espérances en l'avenir ! Je n'avais jamais songé à une plus douce image du devoir et de la récompense mis en regard.

Ah ! mes amis, si vous saviez comme je vous aime et combien les plus cruels sacrifices m'on paru faciles, consentis pour vous.

Cette France que je croyais avoir quittée pour toujours, je la retrouve ici, dans votre chère présence. J'ai rêvé d'une Nouvelle-France aussi belle, aussi grande que l'Ancienne. Aidez-moi à réaliser ce songe magnifique. Ce n'est pas un homme endormi qui vous parle, mais un esprit bien éveillé, une volonté bien résolue qui croit à l'avenir de Québec et du Canada français comme il croit en Dieu : de toute son âme et de toute sa conscience !

Acclamations : Vive Champlain ! Vive Québec ! Vive la France ! Vive le Roi ! Vive le Canada !

TROISIEME PAGEANT

7ième TABLEAU : — 1639, Arrivée des religieuses Hospitalières et Ursulines à Québec

Elles sont officiellement reçues par le Gouverneur Huault de Montmagny, Chevalier de Malte.

Les enfants chantent le vieux noël français : *D'où viens-tu, bergère ?*

8ième TABLEAU : — La Vénérable Marie de l'Incarnation et les Jésuites catéchisant les Sauvages.

Les petits Hurons chantent le noël composé par Brébeuf le Martyr : *Iesous Ahatonnia !*

QUATRIEME PAGEANT

9ième TABLEAU, 1660 : Dollard des Ormeaux et ses compagnons d'armes au Long-Sault

Chant du *Veni, Creator*, par les Français. Cri de guerre des Iroquois.

Dollard.— Aux armes ! aux armes ! Voici l'heure du sacrifice et du martyre ! Haut les cœurs ! Haut les courages !

Les Compagnons d'armes (ensemble). — Adieu frères ! Adieu, parents ! Amis, adieu !

Dollard. — Rappelez-vous votre serment ! Pas de merci, pas de quartier ! Pas de prisonniers !

Les Compagnons d'armes. — Rien à l'ennemi, que nos cadavres !

Dollard.— Mon âme à Dieu, mon sang à la Patrie !

Dollard et les Compagnons d'armes (ensemble).—Canada ! Canada ! ceux qui vont mourir te saluent !

Bataille

Musique de scène écrite par le chef d'orchestre, M. Joseph Vézina.

CINQUIEME PAGEANT

10ième Tableau :— 1665, Mgr de Laval reçoit officiellement Monsieur de Tracy

ADRESSE DU CONSEIL SOUVERAIN À TRACY

Monseigneur,

Le Conseil Souverain, heureux de souhaiter la bienvenue au représentant de Sa Majesté et de lui offrir, avec l'expression de son profond respect, son obéissance et ses hommages, s'empresse de le féliciter de l'honneur insigne que lui a conféré Notre Souverain en l'instituant son lieutenant-général dans toute l'étendue des possessions françaises en Amérique Méridionale et Septentrionale, avec pouvoir d'y commander aux gouverneurs, lieutenants-généraux et à tous les officiers, tant civils que militaires.

Cette suprême distinction de représenter immédiatement le Roi est la consécration comme la récompense de vos belles vertus de courage et de prudence, qualités qui vous avaient signalé depuis très longtemps à l'attention de notre grand monarque. Les pouvoirs de votre commission vice-royale sont tels qu'ils nous justifieraient de croire que vous êtes le prince lui-même (1). L'un d'eux nous réjouit tout particulièrement. Le Roi vous commande de « passer à Québec pour y établir solidement la colonie en mettant les Iroquois à la raison. »

Depuis trente ans qu'ils ne cessent de ravager la colonie, il est temps que ces Barbares reçoivent dans leur propre pays le châtiment qu'ils méritent. Vous êtes le Grand Justicier que la Nouvelle-France attendait pour soutenir sa querelle qui n'est autre que la propre cause du Christianisme et de la Civilisation.

Réponse de Tracy au Conseil Souverain

Monsieur le Procureur Général,
Messieurs les membres du Conseil Souverain,

Je vous remercie de toutes les civilités que je reçois de votre compagnie, et ne sais trop comment vous témoigner la joie que je ressens de votre accueil.

C'est par la justice que les Etats les mieux établis se conservent et se consolident et ceux, comme la présente colonie, qui ne font que de naître, ont encore plus besoin qu'on la rende avec exactitude et célérité.

Je suis, en effet, comme vous le dites, le Justicier attendu et promis : un justicier qui ne vient pas seulement demander compte aux Iroquois de tout le sang français qu'ils ont versé depuis Brébeuf jusqu'à Dollard, mais un justicier qui va les

---

(1) « Nous avons vu, écrit Marie de l'Incarnation, l'imprimé des pouvoirs que le Roi lui donne ; ils nous étonnent, ces pouvoirs, parce qu'ils ne peuvent être plus grands, ni plus étendus, à moins d'être roi lui-même et absolu. »

frapper d'un châtiment tel que le souvenir en suffira pour terroriser tous les Peaux-Rouges de l'Amérique.

Ce châtiment exemplaire que je vous annonce, je veux également qu'il soit connu de ceux-là même qui vont le subir. Qu'ils soient assez lâches pour s'y dérober ou assez téméraires pour l'attendre, la chose importe peu, et la conséquence en est indifférente. Mais ce qui ne l'est pas est la déclaration de guerre que je veux être officiellement signifiée à ces Barbares comme si leurs cinq Cantons constituaient une nation d'Europe. Vous, les représentants de la magistrature en ce pays, comprendrez, n'est-ce pas, combien grande sera la leçon de civilisation donnée à ces fourbes et à ces traîtres. Et j'ose croire qu'elle ne sera point perdue.

L'expédition militaire sera très longue à préparer. Il faudra, par exemple, construire des forts à partir de l'embouchure de la rivière Richelieu jusqu'à l'entrée du lac Champlain, et alors seulement l'armée pourra se mettre en marche. Mais Dieu, qui a donné à nos ennemis le temps de commettre tous leurs forfaits,—meurtres, pillages, rapts et assassinats,—nous donnera bien celui de méditer et de compléter leur ruine. Cette Providence, en qui je repose tout mon espoir, m'a permis d'atteindre à la vieillesse ; elle consentira bien à me laisser vivre assez pour accomplir cette mission rigoureuse mais nécessaire dont m'a chargé mon souverain.

Tous ensemble rendons-nous à l'église remercier cette Divine Providence de nous avoir sauvé des périls de la mer et la prier de nous préserver encore des dangers de la guerre que nous allons entreprendre pour le Christ et le Roi.

Allocution des Hurons à Tracy.

Grand Ononthio,

Tu vois à tes pieds les débris d'une grande terre et les restes pitoyables d'un monde entier, autrefois peuplé d'une infinité d'habitants. Ce ne sont maintenant que des cadavres qui te parlent, à qui l'Iroquois n'a laissé que les os, après en avoir dévoré la chair, grillée sur des charbons. Il ne nous restait plus qu'un petit filet de vie, et nos membres, dont la plupart ont passé par les chaudières bouillantes de l'ennemi, n'avaient plus de vigueur, quand, avec bien de la peine, ayant levé les yeux, nous avons aperçu sur la rivière, les vaisseaux qui te portaient, et, avec toi, tant de soldats qui nous sont envoyés par ton grand Ononthio et le nôtre.

Ce fut alors que le Soleil nous parut éclater de ses plus beaux rayons et éclairer notre ancienne terre qui, depuis tant d'années, était devenue couverte de nuages et de ténèbres ; alors que nos lacs et nos rivières parurent calmes, sans tempêtes ni brisants. Pour te dire le vrai, il me sembla entendre une voix sortie de ton navire et qui nous disait, d'aussi loin que nous pouvions te découvrir :

« Courage, peuple désolé, tes os vont être reliés de nerfs et de muscles, ta chair va renaître, tes forces vont t'être rendues, tu vas vivre comme autrefois. »

Tout d'abord, je me défiais de cette voix que je croyais être celle d'un doux songe flattant nos misères ; mais le bruit de tant de tambours et l'arrivée de tant de soldats m'ont éveillé.

Après tout, bien que je te voie de mes yeux et que j'embrasse tes pieds, la joie que tu m'apportes est si inattendue que j'aurais peur encore d'être trompé par un beau rêve, si je ne me sentais déjà tout réconforté par ta seule présence.

Je te vois, ô généreux Ononthio, je t'entends, je te parle ! Sois le bienvenu, et reçois ce petit présent, (une peau d'orignal façonnée et peinte à la mode indienne, que le chef dépose aux pieds de M. de Tracy) du crû de notre terre, pour marque de la joie que nous ressentons de ton heureuse arrivée, et de l'hommage que nous rendons au plus grand de tous les Ononthios (1) de la terre, qui a eu compassion de nos misères et t'envoie pour nous en délivrer (2).

Allocution de Tracy aux Hurons.

Mes enfants,

Les sentiments de votre cœur et les pensées de votre esprit ne parlent pas huron, car je vous comprends sans interprète. Vous n'avez de sauvage que les traits du visage, ceux de votre âme sont bien français.

Ne vous étonnez pas d'être guéris et de croire que votre agonie n'était qu'un rêve. Celui qui a fait marcher le Paraly-

(1) Tous les gouverneurs français du Canada, depuis Montmagny, furent salués par les Sauvages du nom d'*Ononthio*. Ce mot traduisait littéralement le nom de M. de Montmagny, (*Mons Magnus*), c'est-à-dire : Grande Montagne.

(2) Cf : *Relations des Jésuites*, année 1665, ch. II, pages 5 et 6. Tome III — Augustin Côté, éditeur, Québec, 1858.

tique ressuscitait encore les morts. Vous étiez bien malades, vous ne l'êtes plus et la santé vous reviendra si vite que vous courrez demain avec moi sur les sentiers de la guerre.

Soyez reconnaissants au vrai Dieu de ce miracle. Ecoutez les Robes Noires qui vous parlent en son Nom, comme moi, je vous commande en celui du Grand Ononthio des Français. (Congédiant les Sauvages du geste) : J'ai dit.

MGR DE LAVAL A TRACY

Monseigneur,

L'Eglise du Canada, par la bouche de son premier pasteur, vous souhaite aujourd'hui la bienvenue. Jamais présence du lieutenant de Sa Majesté Très Chrétienne, ne fut plus ardemment désirée, ni son arrivée plus impatiemment attendue. Jamais aussi nécessité ne fut plus grande du secours des armes françaises. En même temps qu'elle protègeront les sujets du Roi, elles ouvriront un chemin nouveau à l'Evangile au pays même des Iroquois.

Nous rendons grâce à Dieu qu'il ait inspiré à notre grand monarque de choisir pour cette guerre, dont il vous laisse la conduite, des troupes vieillies dans la gloire de cent batailles. Si elles retrouvent au Canada la neige des Alpes, elles y cueilleront aussi les lauriers d'Allemagne, car la victoire ne peut manquer, ici, comme là-bas, de suivre leurs drapeaux.

Il y a tantôt quarante ans que nous soupirons après l'heure de la délivrance. Elle sonne enfin. Notre barbarie va se changer en royaume, nos forêts en villes, et nos déserts en provinces. Entrons remercier Dieu, dans son sanctuaire, pour tant de bienfaits, et bénissons qui nous les apporte.

RÉPONSE DE TRACY À MGR. DE LAVAL

Monsieur de Laval, (1)

Il serait bien étonnant que sous le règne d'un monarque aussi puissant que le nôtre, et sous la faveur et la conduite d'un évêque aussi zélé que vous, on ne vît point naître, prospérer et

(1) A ceux-là qui ont oublié la signification comme la valeur de certains mots français, il semble étrange que Tracy réponde MONSIEUR de Laval au premier évêque de Québec qui l'a salué du titre de MONSEIGNEUR.

Au XVIIe siècle, le titre de MONSIEUR l'emportait en dignité sur celui de grandir la nouvelle Eglise du Canada, et, suivant la belle comparaison du Psalmiste, cette Jeune Vigne couvrir les montagnes de son ombre, étendre ses pampres jusqu'à la mer et pousser des ceps jusqu'aux rives de l'Euphrate.

Que les soldats du Christ se joignent à ceux du Roi pour combattre ensemble et la fureur et l'infidélité de l'Iroquois : les premiers par la prédication de la Foi, les seconds par la terreur des armes françaises. Ainsi nous aurons fait deux fois leur conquête et deux fois assuré le maintien de la paix.

SIXIEME PAGEANT

11ième TABLEAU.— Daumont de Saint-Lusson

PROCÈS-VERBAL DE LA PRISE DE POSSESSION DES PAYS DE L'OUEST, 14 JUIN 1671.

Simon-François Daumont, écuyer, sieur de Saint-Lusson, commissaire subdélégué de Mgr l'Intendant de la Nouvelle-France pour la recherche de la mine de cuivre au pays des Outaouais, Nez-Percés, Illinois et autres nations sauvages découvertes et à découvrir en l'Amérique Septentrionale du côté du Lac Supérieur ou Mer Douce.

Sur les ordres que nous avons reçu de Mgr l'Intendant de la Nouvelle-France, le trois septembre dernier, signés et paraphés TALON et au dessous : par Mgr VARNIER, avec paraphe, de nous transporter incessamment au pays des sauvages Outaouais,

---

MONSEIGNEUR. Le frère du roi s'appelait MONSIEUR. Or, comme à cette époque le haut clergé, l'épiscopat, venait, dans l'État, immédiatement après la royauté, on croyait faire — et l'on ne se trompait pas — aux dignitaires ecclésiastiques un plus grand honneur et témoigner d'un plus profond respect en disant aux évêques MONSIEUR au lieu de MONSEIGNEUR. On les désignait encore par le nom de leurs sièges épiscopaux : Ainsi MONSIEUR de Meaux, MONSIEUR de Cambrai, MONSIEUR de Nîmes, etc.

J'eusse été encore plus près de la vérité historique en faisant dire par Tracy MONSIEUR DE PÉTRÉE à Mgr de Laval en 1665, comme Frontenac lui dira plus tard, en 1674, MONSIEUR DE QUÉBEC.

Mieux valait donc que le représentant de Louis XIV dît MONSIEUR de Laval à l'évêque de Québec, à l'exemple même du Maître qui disait MONSIEUR de Fénélon à l'archevêque de Cambrai.

Nez-Percés, Illinois et autres nations découvertes et à découvrir en l'Amérique Septentrionale, du côté du lac Supérieur ou Mer Douce, pour y faire la recherche et la découverte des mines de toutes façons, surtout de celle du cuivre, nous ordonnant au surplus de prendre possession au nom du Roi de tout le pays habité et non habité où nous passerions, plantant à la première bourgade la Croix pour y produire les fruits du Christianisme, et l'Ecu de France pour y assurer l'autorité de Sa Majesté et la domination française ; Nous, en vertu de notre commission, ayant fait notre premier débarquement au village ou bourgade de Sainte-Marie-du-Sault, lieu où les Révérends Pères Jésuites font leurs missions, et les nations des Sauvages nommés Achipoés, Malamechs, Noquets et autres font leurs actuelles résidences, nous avons fait assembler le plus des nations voisines qu'il nous a été possible, lesquelles s'y sont trouvées au nombre de quatorze nations, à savoir : les Achipoés, les Malamechs, et les Noquets habitant le dit lieu de Sainte Marie du Sault, et les Banabéouiks et Makomiteks, les Boulteattemis, Oumalominis, Sassassaouacottons, habitant dans la baie nommée des Puants, et lesquels se sont chargés de le faire savoir à leurs voisins qui sont les Illinois, Mascouttins, Outtongamis, et autres nations ; les Christinos, Assinopoals, Amoussonnites, Outaouais, Bouscouttons, Niscaks et Masquikonkiocks, tous habitants des terres du nord et proches voisins de la mer, lesquels se sont chargés de le dire et faire savoir à leurs voisins, que l'on tient en très grand nombre, habitant sur le bord de la mer même ; auxquels, en présence des Révérends Pères de la Compagnie de Jésus et de tous les Français ci-après nommés, nous avons fait lecture de notre dite commission et icelle fait interpréter en leur langue par le sieur Nicolas Perrot, interprète de Sa Majesté en cette partie, afin qu'ils n'en puissent ignorer, faisant ensuite dresser une croix pour y produire les fruits du Christianisme, et proche d'icelle un bois de cèdre auquel nous avons arboré les Armes de France en disant par trois fois et à haute voix et cri public, qu'au nom du très haut, très puissant et très redouté monarque Louis XIVe du nom, très chrétien roi de France et de Navarre, nous prenons possession du dit lieu Sainte-Marie-du-Sault, comme aussi des lacs Huron et Supérieur, isles du Caientoton et de tous les autres pays, fleuves, lacs et rivières contiguës et adjacentes, iceux tant découverts qu'à découvrir, qui se bornent d'un côté aux mers du Nord et de l'Ouest, et de l'autre côté à la mer du Sud, comme de toute leur longitude ou profondeur, levant à chacune des dites trois fois, un gazon de terre en criant : *Vive le Roi !* et le faisant crier à toute l'assemblée, tant française que sauvage, déclarant aux dites nations ci-dessus que dorénavant, comme dès à présent, ils étaient relevants de Sa Majesté, sujets à subir ses lois et suivre ses coutumes, leur promettant toute protection et secours de sa part contre l'incurse ou invasion de leurs ennemis, déclarant à tous autres potentats, princes, souverains, tant Etats que Républiques, eux ou leurs sujets, qu'ils ne peuvent ni ne doivent s'emparer, ni s'habituer (*s'établir*) en aucun lieu de ce dit pays, que sous le bon plaisir de Sa Majesté Très Chrétienne et de celui qui gouvernera le pays de sa part, à peine d'encourir sa haine et les efforts de ses armes ; et afin qu'aucun n'en prétende cause d'ignorance, nous avons attaché au derrière des Armoiries de France extrait de notre présent procès-verbal de prise de possession, signé de nous et des personnes ci-après nommées, lesquelles étaient toutes présentes.

Fait à Sainte-Marie-du-Sault, le 14e jour de juin, l'an de grâce 1671, aux présences des Révérends Pères : Claude d'Ablon, supérieur des missions de ces pays-là, Gabrielle Dreuillettes, Claude Allouez, André, tous de la Compagnie de Jésus, et du Sieur Nicolas Perrot, interprète pour Sa Majesté en cette partie ; le Sieur Jolliet, Jacques Mogras, habitant des Trois-Rivières, Pierre Moreau, sieur de la Taupine, soldat de la garnison du Château de Québec, Denis Masse, François de Chavigny, sieur de la Chevrottière, Jacques Lagillier, Jean Mayseré, Nicolas Dupuis, François Bibaud, Jacques Joviel, Pierre Porteret, Robert Duprat, Vital Driol, Guillaume Bonhomme et autres témoins.

Ainsi signé :

DAUMONT DE SAINT-LUSSON (1)

ALLOCUTION DU PÈRE CLAUDE ALLOUEZ AUX SAUVAGES

Voici, mes frères, une bonne affaire qui se présente à vous, une grande et importante affaire qui fait le sujet de ce conseil. Jetez les yeux sur la Croix qui est si haut élevée au-dessus de vos têtes : c'est où Jésus Christ fils de Dieu, s'étant fait homme pour l'amour des hommes, a voulu être attaché et a voulu mourir

(1) Cf. Ernest Gagnon, *Louis Jolliet*, pages 20-21-22.

afin de satisfaire à son Père Eternel pour nos péchés. Il est le maître de nos vies, du ciel, de la terre et des enfers ; c'est celui dont je vous parle toujours et dont j'ai porté le nom et la parole en toutes ces contrées.

Mais regardez en même temps cet autre bois de cèdre où sont attachées les Armoiries du grand Capitaine de la France que nous appelons le Roi. Il demeure au delà de la mer, il est le capitaine des plus grands capitaines et n'a pas son pareil au monde. Tous les capitaines que vous avez jamais vus et dont vous avez entendu parler ne sont que des enfants auprès de lui. Il est grand comme un arbre et eux ne sont que comme des petites plantes qu'on foule au pied en marchant. Vous connaissez Ononthio, le célèbre capitaine de Québec, vous savez et vous expérimentez qu'il est la terreur des Iroquois, et son nom seul les fait trembler depuis qu'il a désolé leur pays et porté le feu dans leurs bourgades ; il y a, au delà de la mer, dix mille Ononthios comme celui-là, qui ne sont que les soldats de ce Grand Capitaine, notre grand Roi dont je parle.

Quand il dit le mot : *Je vais en guerre !* tout le monde obéit et ces dix mille capitaines lèvent des compagnies de cent soldats chacune, et par mer et par terre. Les uns s'embarquent sur des navires au nombre de cent et de deux cents, tels que vous en avez vus à Québec. Vos canots ne portent que quatre ou cinq hommes, et dix ou douze tout au plus ; nos navires de France en portent quatre ou cinq cents, et même jusqu'à mille. Les autres vont en guerre par terre, mais en si grand nombre qu'étant rangés à la file, deux à deux, il tiendraient plus de place qu'il n'y en a d'ici à Mississaquenk, quoique nous y comptions plus de vingt lieues.

Quand il attaque, il est plus redoutable que le tonnerre : la terre tremble, l'air et la mer sont en feu par la décharge de ses canons. On l'a vu, au milieu de ses escadrons tout couvert du sang de ses ennemis, dont il a passé un si grand nombre à l'épée qu'il n'en compte plus les chevelures, mais les ruisseaux de sang qu'elle fait couler. Il relâche ses innombrables prisonniers de guerre, les laisse aller là où ils veulent pour bien témoigner qu'ils ne les craint pas. Personne, présentement, n'ose lui faire la guerre. De toutes les parties de la terre on accourt pour le voir, lui parler, l'écouter, l'admirer. C'est lui seul qui décide toutes les affaires du monde.

Que dirais-je de ses richesses ! Vous vous estimez riches

quand vous avez dix à douze sacs de blé, quelques haches, rassades, chaudières ou autres choses semblables. Il a des villes à lui plus que vous n'êtes d'hommes dans tous ces pays à cinq cents lieues à la ronde ; dans chaque ville il y a des magasins où l'on trouverait assez de haches pour couper tous vos bois, assez de chaudières pour cuire tous les orignaux de vos forêts, assez de rassades pour emplir toutes vos cabanes. Sa maison est plus longue que le chemin qui conduit d'ici au haut du Sault (1), plus haute que le plus grand de vos arbres et elle loge plus de familles que la plus grande de vos bourgades n'en peut contenir.

Réjouissez-vous, car c'est lui, le Capitaine des plus grands capitaines, c'est ce grand Roi de France qui sera désormais votre protecteur et votre père (2) ».

SEPTIEME PAGEANT

12ième TABLEAU. — Frontenac et le Parlementaire de Phips

PERSONNAGES

Louis de Buade, Comte de Frontenac, gouverneur-général de la Nouvelle-France.

Le lieutenant Thomas Savage, parlementaire de Sir William Phips (3).

---

(1) Plus d'une demi lieue.

(2) Cf. *Relations des Jésuites*, année 1671, tome III pages 28 et 29, Augustin Côté, éditeur, Québec, 1858.

Il est facile de concevoir l'effet de ce discours hyperbolique sur l'imagination enflammée des Sauvages. Allouez n'était pas seulement un bel orateur, mais aussi un acteur incomparable.

(3) En 1870 on ignorait encore le nom du parlementaire de Phips. Aussi Joseph Marmette était-il parfaitement justifiable de dire dans son roman, *François de Bienville*, que le parlementaire de Phips se nommait *Harthing* « le lieutenant Harthing ».

Mais depuis 1902 cette licence historique n'est plus permise. Cette année-là les éditeurs John Wilson and Son, de Cambridge, Etat de Massachussetts, ont publié deux nouvelles relations, jusqu'alors inédites, de l'expédition de Sir William Phips contre Québec. L'une d'elles, du Rev. John Wise, *minister*

Philippe Clément Duvault, Sieur de Valrennes, capitaine des gardes de Frontenac.

François de Bienville, interprète.

La flotte anglaise est devant Québec — Emoi de la population — Cris d'enfants et de femmes. «*Les Anglais! Les Anglais!*» — Tumulte.

Frontenac (à la foule.)—Halte-là, mes amis, et point de panique, s'il vous plaît, devant l'ennemi. Ça lui ferait trop d'honneur!

Les Anglais arrivent dites-vous? La belle nouvelle! Ils sont à Tadoussac depuis trois semaines! et vous le savez tous comme moi. Ils nous sauvent l'ennui de courir à eux: ils viennent à nous, comme l'ours au piège! Et sera pris qui voulait prendre! Croyez-m'en!

Tous nos remparts ont des canons, tous nos jeunes gens ont des fusils! l'assaut est impossible! Toutes les troupes et les milices de la colonie seront à Québec demain, aussi vrai que je suis avec vous aujourd'hui, mes enfants. (Acclamations.)

Vous le reconnaissez encore, n'est-ce pas, votre vieux Frontenac? (Acclamations, bravos). Je suis toujours malgré mes soixante et dix ans, le Frontenac des anciens jours, l'homme que vous avez connu à Saint-Gothard, vétérans de Carrignan-Sallières, (acclamations) le soldat de Candie et d'Orbitello. (Tonnerre d'applaudissements).

Aujourd'hui même, Monsieur de Callières arrivera de Montréal avec huit cents hommes. (On entend à distance, jouer des fifres et battre des tambours). Que dis-je, aujourd'hui? les voici, à l'instant même, je reconnais leurs fifres et leurs tambours! Cris de la foule en délire).

On entend chanter dans le lointain: «Sir Pnips s'en va-t'en guerre». Ce sont les miliciens qui amènent le parlementaire de Phips à Frontenac. Le parlementaire a les yeux bandés.

---

of God's Word at Chebacco, nous donne le nom du parlementaire qui présenta à Frontenac la sommation de l'amiral, le matin du 16 octobre 1690. Cette sommation avait été rédigée la veille, lue, discutée et approuvée à une séance du conseil de guerre tenue à bord du vaisseau-amiral, le *Six Friends*, comme nous l'apprend la brochure américaine, à la page 22:

« The summons was read, duly considered and ordered to be sent to Count Frontiniak or the chief in authority at Quebeck by the hand of Capt. Lieut. Thomas Savage ».

L'auteur de cette relation, le Rev. John Wise, faisait partie de l'expédition en qualité de chapelain militaire.

(Sur l'air de « *Malbrough s'en va-t-en guerre*)

Sir Phips s'en va-t-en guerre
Mironton, mironton, mirontaine,
Sir Phips s'en va t-en guerre
Contre le Canada.

Il ne se doute guère
Mironton etc.
Il ne se doute guère
De ce qui l'attend là.

Mais croit descendre à terre
Mironton etc.
Mais croit descendre à terre
Sitôt qu'il sommera !

Venez, beau militaire,
Mironton etc.
Venez, beau militaire
Québec vous recevra !

Et mettra pour vous plaire
Mironton etc.
Et mettra pour vous plaire
Ses habits de gala !

Mais à quoi bon tant faire !
Mironton etc.
Mais à quoi bon tant faire
Rien ne l'éblouira.

Car ce parlementaire,
Mironton etc.
Car ce parlementaire
Regarde et ne voit pas !

Quelle étrange visière
Mironton etc.
Quelle étrange visière
Lui fait ce bandeau-là !

Gentil parlementaire,
Mironton etc.
Gentil parlementaire
Appuyez sur mon bras !

Car vous pourriez bien faire
Mironton etc.
Car vous pourriez bien faire
Deux ou trois mauvais pas.

En grimpant jusqu'à l'aire
Mironton etc.
En grimpant jusqu'à l'aire
De l'aigle qui est là.
(Montrant le Château Saint-Louis).

Quand tu verras, corsaire,
Mironton etc.
Quand tu verras, corsaire,
A qui tu parleras !

Ça te donnera l'erre
Mironton etc.
Ça te donnera l'erre
De redescendre en bas (1) !

Le parlementaire est mis en présence de Frontenac et on lui enlève brusquement son bandeau.

(1) L'air de *Malbrough s'en va-t en guerre* est de beaucoup plus ancien que les mots de la chanson. Il était déjà vieux au temps de la Ligue, et les dictionnaires historiques nous apprennent qu'en 1563 on chantait sur sa musique les couplets du *Convoi du Duc de Guise*, assassiné par Poltrot. Il m'était donc parfaitement loisible de chansonner, sur le même air, le parlementaire de Phips.

Le parlementaire. — May I speak to Count Frontenac...

Frontenac, (l'interrompant). — C'est moi, Monsieur!

Le parlementaire (poursuivant). — lieutenant-general and governor for the French King at Canada........

Frontenac (l'interrompant). — C'est moi, Monsieur!

Le parlementaire (poursuivant). — or, in is absence, to his deputy or him or them in chief command at Quebec?

Frontenac. — C'est moi, Monsieur!

Valrennes (au parlementaire) — Nommez-vous, d'abord.

Le parlementaire. — What?

Bienville. — Your name, sir?

Le parlementaire. — Captain-lieutenant Thomas Savage.

Bienville. — In what capacity?

Le parlementaire. — As bearer of a summons from Sir William Phips, Knight, General and Commander in and over their' Majesties forces of New England, by sea and land, to Count Frontenac.

Frontenac. — Très bien, Monsieur, lisez, je vous écoute.

Le parlementaire. — The war between the two crowns of England and France doth not only sufficiently warrant, but the destruction made by the French and Indians, under your command and encouragement, upon the persons and estates of their Majesties' subjects of New England, without provocation on their part, hath put them to the necessity of this expedition for their own security and satisfaction.

Frontenac (interrompant). — Je n'ai jamais été familier avec l'Anglais, aussi, M. de Bienville, vous seriez fort aimable de me traduire ce document.

Bienville (au parlementaire). — That paper, please.

(Le parlementaire lui remet la sommation).

Bienville (traduisant) : — Les guerres entre les deux couronnes d'Angleterre et de France ne sont pas seulement un suffisant motif mais la destruction faite par les Français et les Sauvages sous votre commandement et encouragement sur les personnes et biens des sujets de leurs Majestés de la Nouvelle-Angleterre, sans aucune provocation de leur côté, les oblige de faire cette expédition pour leur propre sûreté et satisfaction.

Comme aussi les cruautés et les barbaries qui ont été exercées par les Français et les Sauvages (signes de dénégation et murmures de protestation) pouvaient, par cette présente occasion, nous engager à nous revancher sévèrement, cependant, étant désireux d'éviter les actions inhumaines et contre le Christianisme, comme aussi pour prévenir l'effusion du sang autant que possible, moi, ci-dessous, Guillaume Phips, Chevalier, par ces présentes et au nom de leurs Très Excellentes Majestés Guillaume et Marie, Roi et Reine d'Angleterre, Ecosse, France et Irlande, Défenseurs de la Foi, et par ordre de leurs susdites Majestés, Gouverneur du Massachusetts, colonie dans la Nouvelle-Angleterre, demande que vous ayiez à rendre vos forts et châteaux sans être démolis, camme aussi toutes les munitions sans y être touchées, comme aussi une prompte délivrance de tous les captifs ensemble avec la délivrance de vos personnes et biens à ma disposition. (Mouvements d'indignation dans la foule)

Ce que faisant vous pourrez espérer pardon de moi comme un chrétien, ainsi qu'il sera jugé à propos pour le service de leurs Majestés et la sûreté de leurs sujets ; ce que, si vous refusez de faire, je suis venu pourvu et résolu, avec l'aide de Dieu dans lequel je me fie, par force d'armes de revancher tous les torts et les injures qui nous ont été faits et de vous rendre sous la sujétion de la couronne d'Angleterre, et lorsque, trop tard, vous le voudrez faire, regretterez de n'avoir plus tôt accepté la faveur que l'on vous a offerte.

Votre réponse positive, dans une heure, par votre trompette, avec le retour du mien, est ce que je vous demande sur le péril qui pourra s'en suivre.

(Signé) GUILLAUME PHIPS.

Clameurs immenses ! Toute l'assistanoe indignée fait mine de se ruer sur le parlementaire. Seuls, Frontenac et Savage demeurent impassibles. Après un temps . . . . .

Le Parlementaire. — Tirant sa montre et la mettant insolemment sous le visage de Frontenac. — It is ten o'clock, Sir, and by eleven, I must have an answer !

Tumulte indescriptible, cris, gestes de menace, les officiers tirent l'épée du fourreau.

Valrennes (furieux) A la potence ! bandit ! A la potence ! Traitons cet insolent comme l'envoyé d'un corsaire. Phips, son digne maître, n'a-t-il pas violé la capitulation de Port-Royal ? retenu Menneval prisonnier, et contre sa parole et contre le droit des gens ? Retour de politesse, alors. (criant à la quelqu'un, perdu dans la foule) Hé ! *Rattier ! Rattier !* (1) sus à la vermine ! Apporte ton échelle et tes cordes !

(1) En 1690, le bourreau de Québec (*maître des hautes œuvres*, comme on l'appelait) se nommait Jean Rattier dit Du Buisson.

Le parlementaire :—En vérité, monsieur, vous en causez à votre aise du droit des gens ! et l'appliquez à merveille ! Pendre un parlementaire ! Le procédé serait bien français ! Seulement, rappelez-vous ce qu'il vous en a coûté, l'an dernier, d'avoir envoyé aux galères les ambassadeurs iroquois ! Auriez vous oublié déjà le massacre de La Chine ? Franchement, le bourreau n'a pas besoin de venir ici : le premier d'entre vous me fera bien mon nœud de cravate ! (à Valrennes) *M. du Chanvre*, je suis à vos ordres !

Frontenac. — Monsieur parle français, et bon français, l'aimable surprise ! J'en suis ravi. Vous savez encore mieux notre histoire que notre langue. Bravo ! Votre geste est charmant : il me rappelle le Grand Condé, le seul à ma connaissance, qui ait jamais pris une ville avec une montre ! Seulement, mon cher, laissez-moi vous dire que vous n'êtes pas de force à renouveler ici ce tour d'adresse. Votre montre n'est pas à répétition, (rires ironiques). l'anecdote non plus, mais elle se raconte agréablement tout de même.

C'était en 1652, nous étions en révolte ouverte contre la tyrannie de Mazarin, Mademoiselle de Montpensier avait envoyé l'ordre à la petite ville de Montargis d'ouvrir ses portes à l'armée du Prince de Condé. Le commandant de Montargis se nommait Mondreville. Il refusa d'obéir. Alors Monsieur le Prince tirant sa montre — comme vous, milord — envoya dire au sieur de Mondreville que si, dans une heure — toujours comme vous, milord — Montargis n'ouvrait pas ses portes, il les enfoncerait tout simplement et que, tout simplement aussi, ses habitants, du premier au dernier, seraient pendus.

Dix minutes plus tard Mondreville offrait au Prince de Condé un verre de vin pour le rafraîchir et Montargis le priait de lui faire l'honneur de coucher chez elle !

Voilà ce qui se passait en France, sous la Fronde, en 1652. Mais nous sommes au Canada en l'an de grâce mil six cent nonante, vieux style. Mondreville est mort depuis longtemps, le Prince de Condé aussi, et, vous l'avouerai-je, monsieur, je ne suis pas d'humeur, ce matin, à jouer le rôle de Mondreville. Je tiendrais mieux, je crois, celui du Grand Condé. Ne m'accusez pas de vantardise, Monsieur, mes blessures et mes cheveux blancs me permettent cette vanité du courage. Dites-moi, (d'un ton railleur), en confidence, auriez-vous lu, par hasard, les *Mémoires* de Mademoiselle de Montpensier ? Elle était grande amie de ma femme . . . autrefois.

Le parlementaire (froidement). — L'heure n'est pas aux confidences, ni aux anecdotes, Monsieur le Gouverneur, mais au péril de votre réponse que je veux positive, dans une heure !

Frontenac. — Ma réponse positive ? la voici :

Dites à votre général que je ne connais point le roi Guillaume et que le prince d'Orange est un usurpateur qui a violé les droits les plus sacrés du sang en voulant détrôner son beau-père ; que je ne sais, en Angleterre, d'autre souverain que le roi Jacques ; que votre général n'a point dû être surpris des hostilités qu'il dit avoir été faites par les Français dans la colonie du Massachusetts, puisqu'il a dû s'attendre que le Roi, mon maître, ayant reçu sous sa protection le roi d'Angleterre, étant près de le replacer sur son trône par la force de ses armes, comme j'en ai nouvelles, m'ordonnerait de porter la guerre en ces contrées chez les peuples qui se seraient révoltés contre leur prince légitime.

Vous avez entendu, Monsieur le parlementaire, les murmures d'indignation soulevés autour de moi par votre arrogante sommation. Eh bien ! sachez que ce sentiment est commun à tous nos gentilshommes et à tous nos paysans, aux premiers comme aux derniers d'entre eux !

Votre général croit-il, quand il m'offrirait des conditions plus douces, et que je fusse d'humeur à les accepter, que tant de braves gens, que voici, voulussent y consentir, et qu'ils me conseillassent de me fier à la parole d'un homme qui n'a pas gardé la capitulation qu'il avait faite avec le gouverneur de Port-Royal, et d'un rebelle qui a manqué à la fidélité qu'il devait à son légitime Roi, en oubliant tous les bienfaits qu'il en avait reçus, pour suivre le parti d'un prince qui, en essayant de persuader qu'il veut être le libérateur de l'Angleterre et le défenseur de la Foi, y détruit les lois et les privilèges du royaume, renversant la religion catholique. C'est ce que la justice divine, que votre général réclame dans sa lettre, ne manquera jamais de punir quelque jour sévèrement. »

Applaudissements, acclamations, bravos.

Le Parlementaire. — Monsieur le Gouverneur voudra bien me donner cette réponse par écrit.

Frontenac. — Et que faites-vous de ma parole ? Par écrit ? Non, jamais ! (éclatant) : « Je vais répondre à votre maître par la bouche de mes canons ! » (A Valrennes) : M. de Valrennes, ramenez le parlementaire à son canot. (Aux officiers) : Courons, messieurs, à l'ennemi ! — *Vive le Roi !*

Clameur immense de *Vive le Roi !* Le parlementaire est reconduit à sa chaloupe sur l'air de : *Va, va, va, p'tit bonnet, grand bonnet.*

Messieurs les Anglais de Boston
Va, va, va, p'tit bonnet, tout rond,
Se sont fâchés pour tout de bon,
P'tit bonnet, grand bonnet, p'tit bonnet tout rond
Et va, va. va, p'tit bonnet, grand bonnet,
Et va, va, va, p'tit bonnet tout rond.

Se sont fâchés pour tout de bon,
Va, va, va, etc.
L'amiral Phips, quel fanfaron !
P'tit bonnet, etc, etc.

L'amiral Phips, quel fanfaron !
Va, va, va, etc.
Croit que nous capitulerons
P'tit bonnet, etc, etc.

Croit que nous capitulerons
Va, va, va, etc.
Dans une heure ! Oh c'est un [peu prompt !
P'tit bonnet, etc, etc.

Dans une heure ! Oh ! c'est un [peu prompt !
Va, va, va, etc.
Frontenac bondit sous l'affront.
P'tit bonnet, etc, etc.

Frontenac bondit sous l'affront.
Va, va, va, etc, etc.
Ce gouverneur n'est pas poltron,
P'tit bonnet, etc, etc.

Ce gouverneur n'est pas poltron,
Va, va, va, etc.
En goguenardant il répond :
P'tit bonnet, etc.

En goguenardant il répond :
Va, va, va, etc.
Au Colin-Maillard d'entrepont,
P'tit bonnet, etc.

Au Colin-Maillard d'entrepont,
Va, va, va, etc.
Si t'as du toupet, j'ai du front !
P'tit, bonnet, etc,

Si t'as du toupet, j'ai du front !
Va, va, va, etc.
Remets ta montre en ton giron,
P'tit bonnet, etc.

Remets ta montre en ton giron,
Va, va, va, etc.
Tu n'es pas Condé, mon mignon !
P'tit bonnet, etc

Tu n'es pas Condé, mon mignon,
Va, va, va, etc.
Il est dangereux, nom de nom !
P'tit bonnet, etc.

Il est dangereux, nom de nom !
Va, va, va, etc.
De me commander sur ce ton !
P'tit bonnet, etc.

De me commander sur ce ton
Va, va, va, etc.
Car je monte au diapason,
P'tit bonnet etc.

Car je monte au diapason,
Va, va, va, etc.
De qui me parle en rodomont,
P'tit bonnet, etc.

De qui me parle en rodomont.
Va, va, va, etc.
Mes compliments à ton patron,
P'tit bonnet, etc.

Mes compliments à ton patron,
Va, va, va, etc.
Tu lui diras que je réponds
P'tit bonnet, etc.

Tu lui diras que je réponds
Va, va, va, etc.
« Par la bouche de mes canons ! »
P'tit bonnet etc.

Et va, va, va, p'tit bonnet, grand bonnet
Et va, va, va, p'tit bonnet tout rond.

BIBLIOTHÈQUE NATIONALE R.F. IMPRIMÉS

HUITIEME PAGEANT

13ième TABLEAU : — Grande parade d'honneur

Montcalm et Wolfe, Lévis et Murray, Carleton et Salaberry, à la tête de leurs régiments respectifs, défilent au bruit du canon et des fanfares. Salut général des troupes auquel répondent les salves des vaisseaux de guerre ancrés en rade.

Groupement de tous les personnages du Cortège Historique et des Pageants.

Chant des deux hymnes nationaux : O CANADA ! et DIEU SAUVE LE ROI !

SALUT AU DRAPEAU.

www.ingramcontent.com/pod-product-compliance
Ingram Content Group UK Ltd.
Pitfield, Milton Keynes, MK11 3LW, UK
UKHW021533260726
13993UKWH00004B/1973

9 782019 986063